ÉTUDE DE JURISPRUDENCE

LA

TRANSCRIPTION HYPOTHÉCAIRE

PAR

MARTIN LE NEUF DE NEUF-VILLE

VICE-PRÉSIDENT DU TRIBUNAL DE PREMIÈRE INSTANCE D'ALENÇON,
MEMBRE DE L'ACADÉMIE DE LÉGISLATION,
OFFICIER DE L'INSTRUCTION PUBLIQUE, ETC., ETC.

(ARTICLE EXTRAIT DE *LA FRANCE JUDICIAIRE*)

PARIS

A. DURAND et PEDONE-LAURIEL, Éditeurs,

LIBRAIRES DE LA COUR D'APPEL ET DE L'ORDRE DES AVOCATS

9, rue Cujas (ancienne rue des Grès)

1878

ÉTUDE DE JURISPRUDENCE

LA

TRANSCRIPTION HYPOTHÉCAIRE

L'étude de certaines lois s'impose par la pratique, l'importance, l'obscurité des principes qu'elles renferment. Bien que la loi sur la transcription hypothécaire date de vingt-deux années, il est souvent utile de consulter les décisions qui l'expliquent : la plupart des commentateurs sont contemporains de sa promulgation; depuis, les arrêts ont examiné, pesé, modifié l'interprétation des auteurs, ils ont discuté les questions les plus controversées; ils ont éclairé les points obscurs; ils ont formulé des axiomes juridiques. L'examen de ces documents présente un intérêt que nous allons nous efforcer de démontrer dans cette revue rapide de jurisprudence.

I

L'article 1ᵉʳ de la loi du 26 mars 1855 ordonne la transcription de tout acte entre vifs, translatif de propriété immobilière, et dans l'énumération de ces actes ne figure pas l'institution contractuelle; cette donation doit-elle être transcrite? La question s'est présentée le 15 mai 1876 devant la cour de Cassation; elle n'est pas sans difficulté.

Avant 1855, le code civil soumettait à la transcription les donations susceptibles d'hypothèques; or, l'article 939 de ce code est compris dans le chapitre des donations entre vifs; la cour suprême alors déclarait que les donations contractuelles ne constituaient pas des actes entre vifs, qu'elles concernaient des biens à venir, et elle en concluait que les donations entre vifs, immédiatement translatives de propriété, devaient seules être transcrites pour être opposables aux tiers : la donation contractuelle était exclue de la formalité.

La loi du 26 mars a-t-elle modifié ces principes? L'affirmative a été soutenue : le donateur vient-il à mourir, s'il n'a pas aliéné les biens qui font l'objet du contrat, la situation est établie, nette, certaine; l'acte est tout puissant, il transfert la propriété; les tiers ont intérêt à être avertis; la transcription est utile, indispensable; autrement qu'arriverait-il? Possibilité pour les héritiers de l'instituant d'aliéner les biens donnés; quelle situation périlleuse alors pour les institués en présence du contrat de vente transcrit par les acquéreurs! Certes pendant la vie du donateur, celui-ci peut toujours aliéner à titre onéreux les biens donnés, et les tiers traitent avec confiance ; au décès seul de l'instituant, il en est autrement ; les héritiers sont propriétaires apparents ; comment les tiers ne seraient-ils pas exposés à être lésés par ces derniers ; rien ne les avertit du dessaisissement des continuateurs de la personne du de cujus, rien ne leur désigne le nouveau propriétaire.

Nous ne pouvons admettre ces raisons ; ces arguments sont spécieux, vagues, contraires au texte : le code civil émettait un principe certain, logique ; la loi nouvelle veut-elle le modifier? Nullement, elle s'empresse de l'affirmer, de le fortifier. L'article 939 spécifie pour la transcription les donations entre vifs ; à son exemple la loi de 1855 étend cette mesure à tout acte entre vifs ; le code désignait l'espèce, le texte nouveau indique le genre ; si l'article 939 n'existait pas, notre article 1er suppléerait à son silence, et les donations entre vifs des biens susceptibles d'hypothèques seraient soumises à la transcription. Mais aux termes de l'article 943 du code civil, la donation entre vifs proprement dite ne comprend jamais les biens à venir. Ne doit-on pas en conclure que les donations contractuelles prévues par les articles 1082 et 1083 du code civil, sont exclues de cette formalité.

Le législateur ne pouvait imposer cette mesure à ces contrats : autrement à quel moment devrait-on transcrire ces donations? ce ne pourrait être avant le décès de l'instituant ; les tiers sont sans intérêt ; l'aliénation est conditionnelle ; le donateur se réserve le droit de vendre, d'échanger ; le dessaisissement n'est que relatif : du moment que le contrat ne peut immédiatement être transcrit, quel motif le ferait soumettre à cette mesure — de nombreuses années après sa confection? — L'instituant meurt-il longtemps après, si l'héritier vend au préjudice de l'institué les biens donnés, deux individus sont en présence, le donataire et le tiers acquéreur : quel est le plus digne d'intérêt? Le premier a son droit ancien, son titre authentique ; le second possède un contrat récent, il a commis une imprudence, il a contracté sans rechercher les ayants-droit de la succession ; aussi l'institué doit-il avoir la protection légale comme il a le droit incontestable.

L'examen des textes et des motifs amène à reconnaître qu'on ne peut imposer la transcription aux donations contractuelles sans un texte précis et spécial. La donation et les actes entre vifs font la règle dans notre droit. La transcription est applicable aux contrats qui les constatent ; les donations pour cause de mort sont une exception, elles sont autorisées seulement pour favoriser les unions conjugales, elles obéissent à des règles spéciales ; pour les soumettre à la transcription il faudrait une disposition expresse de la loi et ce texte n'existe pas. Cette opinion est partagée par la cour de Cassation.

II

L'article 1ᵉʳ de la loi de 1855 est complexe, son interprétation a donné
lieu à de graves litiges ; le 22 août 1866, la cour de Rennes était appelée
à se prononcer sur l'espèce suivante : le 18 juin 1852, le sieur Matard vend
un immeuble au sieur Gayet ; en 1864, les époux Gayet sont séparés de
biens, la communauté est liquidée ; l'acte de liquidation attribue l'immeuble
à l'épouse pour la remplir d'une créance résultant de l'aliénation de ses
propres ; après le prélèvement de l'immeuble fait par la femme, Matard
inscrit son privilége ; la femme n'avait pas fait transcrire son acte, devait-
elle prendre cette mesure pour repousser l'inscription de Matard, ou, en
d'autres termes, la femme commune qui, à la dissolution de la communauté, exerce ses reprises sur les immeubles de cette communauté, doit-elle
faire transcrire le contrat qui lui attribue ces immeubles ? Avant les décisions de la jurisprudence, la doctrine avait examiné cette hypothèse.
D'après certains auteurs, il faut rechercher si la femme exerce son prélèvement à titre de propriété ; en effet, la femme commune est-elle propriétaire de l'immeuble avant le partage, l'acte liquidatif est déclaratif, la transcription devient inutile.

Au contraire, la femme exerce-t-elle ses prélèvements en vertu de son
droit de créance, l'immeuble qu'elle reçoit, elle le prend comme dation en
paiement ; or, *dare in solutum est vendere*, dans ce cas la transcription est
obligatoire.

Pour bien établir la nature du droit de la femme à la dissolution de la
communauté, une distinction est nécessaire ; il existe une différence entre
la femme qui accepte la communauté et celle qui vient à y renoncer.

La femme commune accepte-t-elle, n'est-elle pas alors propriétaire de la
moitié de ses immeubles ; quel est son droit ? L'article 1476 du code civil,
répond qu'elle est soumise à toutes les règles qui sont établies pour les par-
tages entre cohéritiers ; dans ce cas l'acte est déclaratif de propriété.

La femme renonce-t-elle, au contraire, elle devient étrangère à la communauté, elle perd toute espèce de droit sur les biens (art. 1492, code civil),
et ses prélèvements constituent une véritable dation en paiement ; la femme
n'a qu'un droit de créance, l'acte est attributif de propriété.

Ainsi la femme qui accepte est copartageante, son acte de prélèvement
est dispensé de la transcription.

La femme renonçante a un simple droit de créance, elle doit faire transcrire l'acte qui lui transmet l'immeuble de la communauté.

La jurisprudence a-t-elle sanctionné cette théorie ?

Dans l'espèce, la femme Gayet acceptait la communauté, et la cour de
Rennes décida que le prélèvement exercé par l'épouse n'était pas le résultat d'un droit de propriété préexistant ; le bien appartenait à la communauté, l'opération a consisté à l'en faire sortir, et à le transmettre à la

femme; pareille mutation doit être constatée par la transcription, les tiers doivent être avertis.

La solution était grave, la cour de Cassation fut appelée à la contrôler (20 juillet 1869) ; la juridiction suprême déclara qu'avant le partage de la communauté et après l'acceptation de la femme, il est procédé à deux opérations qui ont pour but de faire rentrer à la masse tout ce que les époux peuvent lui devoir et de les autoriser à prélever soit leurs biens personnels s'ils existent en nature, soit les récompenses ou indemnités qui en seraient la représentation; ce prélèvement n'est ni un partage proprement dit, ni une dation en paiement, mais un règlement entre époux, une opération de communauté *déclarative*, non translative de propriété, n'opérant aucune mutation, et dès lors affranchie de la transcription.

La cour de Cassation et la cour de Rennes sont donc en désaccord sur la nécessité de la transcription.

Or, dans l'espèce, quel était l'intérêt du tiers? Le sieur Matard, le vendeur de l'immeuble, avait inscrit son privilége après le prélèvement de la dame Gayet; cette mesure tardive était-elle nulle et sans effet? Les deux cours admettent des principes opposés et néanmoins elles émettent la même solution vis-à-vis du sieur Matard.

La cour de Rennes affirme que le prélèvement exercé par la femme Gayet opère mutation, qu'il doit être transcrit, mais qu'à défaut de cette formalité l'inscription du privilége est valable.

La cour de Cassation ne voit dans cette opération qu'un prélèvement préalable au partage, purement déclaratif et nullement soumis à transcription ; aussi à raison même de cette exemption et de sa cause, ce règlement ne peut nuire aux droits et hypothèques antérieurs possédés par des tiers sur les immeubles; l'époux abandonnataire les prend aux conditions du contrat en vertu duquel ils sont entrés dans la communauté; ce contrat conserve tous ses effets en faveur des tiers qui ont traité avec le mari, chef de cette communauté, et notamment en faveur du vendeur Matard qui, pour conserver tous ses droits vis-à-vis de la femme qui a accepté la communauté, n'a pas d'autres formalités à remplir que celles acceptées par un contrat auquel il n'est rien innové en ce qui le concerne.

Quoi qu'il en soit de cette conséquence heureuse pour le sieur Matard de deux principes contradictoires émis par les deux cours, est-il juste de dire avec la cour de Cassation que le prélèvement est un règlement déclaratif de propriété et non soumis à transcription. Cette opinion a été soutenue d'une façon plus nette par M. Flandin (*Transcription*, n° 294); cet auteur ne voit dans le prélèvement et le tirage au sort qu'une seule opération, c'est le partage. La loi, dit-il, ne doit pas être entendue dans un sens étroit; le prélèvement est le partage lui-même et en a les effets ; l'article 888 du code civil en est la preuve, puisqu'il qualifie implicitement de partage tout acte qui a pour objet de faire cesser l'indivision entre cohéritiers, encore qu'il fut qualifié de vente, d'échange et de transaction ou de toute autre manière. Il existe dans le code des analogies avec le cas actuel : chaque héritier, dit l'article 629, fait rapport à la masse des dons qui lui ont été faits, et des sommes dont il est débiteur (art. 830). Si le rapport n'est pas fait en nature, les cohéritiers anxquels il est dû prélèvent une portion égale sur la masse de la succession (art. 831). Après ces prélèvements il est procédé sur ce qui reste dans la masse, à la composition d'autant de lots égaux qu'il y a d'héritiers copartageants. Quel est le caractère de ces prélèvements? celui du partage évidemment, puisque ces prélèvements tiennent lieu des objets ou des sommes que le cohéritier débiteur ou donataire devrait rapporter à la masse et qu'il n'y rapporte pas. Et si les objets prélevés sont des immeubles (article 869), qui pourrait douter qu'ils ne soient affranchis dans les mains du cohéritier qui les reçoit, de toutes charges créées pendant l'indivision, de même que les immeubles qui lui seraient échus par la voie du sort, ou qu'il aurait acquis par celle de la licitation ? Pourquoi en serait-il autrement des prélèvements faits par les époux ou par l'un d'eux avant le partage de la communauté ? L'article 1476 ne déclare-t-il pas applicables au partage de la communauté toutes les règles concernant le partage des successions.

Au fond l'arrêt de la chambre civile de la cour de Cassation produisait les mêmes effets que la dissertation de M. Flandin : le prélèvement est déclaratif de propriété. Cette chambre persévère dans sa jurisprudence ancienne; peut-être est-il permis d'être surpris de cette persistance ; cet arrêt porte la date du 20 juillet 1869 ; et cependant l'opinion contraire à celle émise dans les motifs était proclamée dans un arrêt solennel des chambres réunies à la date du 16 janvier 1858, et par un savant rapport présenté par M. le conseiller Sénéca ; après des conclusions remarquables et vigoureuses de M. le procureur général Dupin, les chambres réunies mirent trois jours à délibérer et vinrent déclarer que, sous le régime de la communauté légale ou conventionnelle, chaque époux, soit que la femme accepte la communauté, soit qu'elle y renonce, prélève ou reprend en vertu d'un droit de *créance* purement mobilier et non en vertu d'un droit de *propriété* le prix de ses propres aliénés. Après cette décision qui affirme un droit, n'est-il pas étonnant de voir dix ans plus tard la chambre civile persister à émettre une doctrine renversée d'une manière éclatante.

L'arrêt de 1869 déclare en effet dans ses motifs que le prélèvement de la femme commune qui accepte est une opération de communauté *déclarative*, non translative de propriété, n'opérant aucune mutation de propriété et dès lors affranchie de la transcription. L'arrêt solennel de 1858 dit au contraire que c'est à titre de créancier que chaque époux prélève le prix de ses propres aliénés : en effet l'action n'a alors pour cause qu'une diminution du patrimoine de l'un des époux et un profit corrélatif fait par la communauté : cette cause ne produit pas un droit de propriété sur des objets déterminés et il en résulte un droit de créance et une action mobilière.

L'arrêt de la cour de Rennes de 1866 était donc conforme aux principes décrétés par la cour de Cassation elle-même, lorsqu'il rappelait que l'attribution de l'immeuble Matard n'a été consentie à la dame Gayet que pour la remplir d'une *créance* résultant de l'aliénation de ses propres; et qu'une semblable mutation devait être constatée par la transcription de l'acte.

Nous n'hésitons pas à partager cette opinion : la femme qui prélève dans la communauté un immeuble qui n'est pas un propre, ne peut pas dire : *aio hanc rem esse meam;* nul ne peut même la contraindre à prendre cet immeuble malgré sa volonté; l'article 1470 lui donne le droit *au prix* de ses immeubles qui ont été aliénés pendant la communauté et dont il n'a point été fait remploi; la femme, qu'elle *accepte* ou qu'elle *renonce,* possède un droit de *créance;* prélève-t-elle un immeuble pour se remplir du montant de sa créance, elle est dans la situation de tout créancier, elle devient propriétaire de cet immeuble; son acte est translatif de propriété immobilière, il tombe donc sous l'application de l'article 1er de la loi de 1855 : la transcription est imposée.

III

La cour de Caen a été appelée le 21 décembre 1874 à donner son opinion sur une question soulevée sur l'article 3 de la loi de 1855 : une cession de trois années de loyers ou fermages non échus n'avait pas été soumise à la transcription, dans ce cas cette cession était-elle opposable pour une durée de moins de trois ans, aux tiers ayant des droits sur l'immeuble et les ayant conservés en se conformant aux lois ?

Les articles 1 et 2 de la loi prescrivent la transcription de tout acte constatant cession d'une somme équivalente à trois années de loyers ou fermages non échus, et l'article 3 ajoute que jusqu'à la transcription cet acte ne peut être opposé aux tiers qui ont des droits sur l'immeuble.

Une prescription analogue s'applique aux baux d'une durée de plus de dix-huit années, seulement le bail dépasse-t-il ce temps et l'acte n'est-il pas transcrit, la loi permet toujours d'opposer aux tiers ce titre pour un laps de dix-huit ans.

Ce principe est-il applicable à notre espèce ? Le propriétaire peut-il opposer aux tiers pour un temps moindre de trois ans la quittance ou cession des loyers ou fermages d'une somme équivalente à trois années ?

Une opinion soutient l'affirmative, quels sont ses arguments : la loi de 1855 s'est bornée à avertir les tiers des actes qui déprécient l'immeuble; s'agit-il de loyers ou de fermages, le législateur arbitre à trois années cet amoindrissement de la propriété; le propriétaire peut se contenter d'une somme inférieure à ces trois années de loyers, le tiers a suivi la foi du propriétaire, alors sa lésion repose sur sa négligence, sa plainte n'est pas légale. Le crédit immobilier exige le respect dû à la liberté des conventions privées; les restrictions sont de droit étroit, il ne faut pas étendre les textes. L'application d'une loi spéciale s'interprète par l'ensemble de ses principes; ne peut-on pas dire des lois qu'elles s'interprètent les unes par les autres en donnant à chacune le sens qui résulte de la loi entière (art. 1161 code c.); or la loi sur la transcription a posé en règle le droit de restriction du propriétaire, lorsque la durée du bail dépassait dix-huit ans, ce principe, puisé dans la matière elle-même, est donc applicable aux quittances de sommes excédant trois années de fermages non échus.

Cette théorie est repoussée par la cour de Caen; la vigueur, la logique et l'ésprit de ses motifs rendent sa thèse victorieuse : les fruits et les revenus des biens sont comme les immeubles eux-mêmes le gage des créanciers bypothécaires; ne s'immobilisent-ils pas le jour de la transcription de la saisie; quel est le vœu du législateur? d'affermir le crédit de la propriété, et dans ce but il ordonne la transcription de toute quittance d'une somme équivalente à trois années de loyers non échues. Désormais les créanciers hypothécaires possédant des droits ultérieurs à cette cession, ne redoutent aucune lésion; l'acte de cession ne peut leur être opposé. Est-il possible de réduire la quittance à moins de trois années en vue d'obtenir un avantage sur les tiers? Examinons les textes : les articles 1 et 2 énumèrent les actes et les jugements sujets à être transcrits et ils indiquent que jusqu'à la transcription tous ces actes et jugements ne sont pas opposables aux tiers dont les droits sont inscrits. Telle est la règle absolue; une exception est accordée pour les baux d'une durée de plus de dix-huit années, aucun texte n'étend cette exception aux quittances de trois ans de fermages; le législateur a gardé le silence, il n'a pas voulu s'exposer à léser des droits respectables; son intention exclut l'application aux cessions de fermages, des principes exceptionnels des baux. La raison explique cette exclusion : les baux les plus longs sont une gêne pour l'acquéreur, ils le privent de certains avantages, mais ils n'annihilent pas la propriété; tout autres sont les paiements anticipés des fermages : pendant trois ans, l'immeuble devient improductif, la cession constitue un véritable démembrement de la propriété. Du reste que doit-on transcrire? tout acte contenant cession de trois années de loyers; c'est la valeur de l'acte qui détermine la mesure et le bénéficiaire n'a pas le pouvoir de modifier les clauses de sa quittance au gré de ses intérêts; l'acte doit être pris dans son ensemble, nul n'a le droit d'en modifier les termes vis-à-vis des tiers.

Le texte de la loi et les motifs de l'arrêt assurent le succès de cette jurisprudence.

IV

L'article 3 de la loi a fait naître une autre question plus sérieuse et plus complexe : le texte porte que jusqu'à la transcription les droits résultant des actes et jugements énoncés dans les articles 1 et 2 ne peuvent être opposés aux tiers qui ont des droits sur l'immeuble et qui les ont conservés en se conformant aux lois. L'hypothèse suivante a donné lieu à de nombreux systèmes : un immeuble est saisi par un créancier, postérieurement à cette saisie il est vendu par le propriétaire, le procès-verbal de saisie est transcrit après la vente ayant date certaine; l'acquéreur fait transcrire son acte plusieurs jours après la transcription de la saisie.

Les droits résultant de la vente peuvent-ils être opposés au créancier saisissant? Ou la saisie doit-elle être préférée à la vente?

Le tribunal de Dôle à la date du 10 mars 1858 et la cour d'Angers le 1ᵉʳ décembre de la même année ont adopté la même solution : ces juridictions décident que la vente d'un immeuble consentie par acte authentique prévaut contre la saisie postérieure opérée à la requête d'un créancier hypothécaire, même dans le cas où elle n'a été transcrite qu'après la transcription de la saisie.

Quels sont les arguments de cette jurisprudence?

Par la saisie et même par la transcription du procès-verbal le créancier n'acquiert aucun droit nouveau; le saisi conserve la propriété, il perçoit les fruits et peut aliéner jusqu'à la transcription; après il peut encore hypothéquer ses immeubles; du moment que la saisie ou la transcription ne confère au créancier saisissant aucun droit de propriété sur l'immeuble saisi, ce créancier n'est pas un tiers, et la vente est opposable à la saisie.

La qualité de créancier hypothécaire ne modifie pas cette situation. Sans doute ce créancier possède un droit réel sur les immeubles, droit conservé conformément aux lois, mais ce droit réside vis-à-vis des tiers acquéreurs dans un droit de suite et de surenchère du dixième et dans un droit de préférence à l'encontre des autres créanciers inscrits; or toute vente, toute transcription ne saurait préjudicier à un droit aussi fortement établi; ces créanciers ne peuvent donc invoquer dans la saisie un droit du reste surabondant et toujours inutile.

D'après les motifs mêmes de la loi, la transcription a respecté les conditions du contrat de vente édictées par le code; son but est d'empêcher la fraude en avertissant les parties intéressées et d'accorder la préférence, en cas de concurrence entre deux acheteurs, à celui qui a transcrit le premier; les dispositions de l'article 3 ne peuvent être invoquées que dans le cas où le droit sur l'immeuble, droit conservé par un tiers, se trouve avant la transcription en compétition directe avec les droits qui peuvent résulter du contrat; mais un droit de propriété résultant d'une vente ne peut être opposé à une hypothèque inscrite; celle-ci conserve dans tous les cas sa force et ses effets.

La loi de 1855 ne s'est nullement occupée de la saisie immobilière et de sa transcription.

Du reste le créancier inscrit ne saisit pas l'immeuble en vertu de son droit d'hypothèque, mais il agit en vertu de son titre de créancier, par application des articles 2092 et suivants du code civil.

L'article 686 du code de procédure défend au saisi d'aliéner ses immeubles saisis à compter du jour de la transcription de la saisie; cet article permet donc au débiteur saisi de vendre sans fraude et par un acte ayant date certaine, l'immeuble saisi soit par un créancier chirographaire, soit par un créancier hypothécaire, cet article n'établit entre eux aucune distinction; seulement ce dernier conserve son droit de surenchère du dixième (art. 2185 code civil); tels sont en substance les motifs de ces documents.

Cette théorie peut se résumer dans ces principes :

Tout créancier a son droit personnel, le créancier hypothécaire possède en outre un droit de suite et de surenchère vis-à-vis du tiers acquéreur, et un droit de préférence à l'encontre des autres créanciers inscrits; l'art. 686 du code de procédure ne se préoccupe pas de ces distinctions: quel que soit le saisissant, chirographaire ou hypothécaire, la partie saisie peut aliéner ses immeubles saisis jusqu'à la transcription. Le saisi peut donc vendre, et comme toute vente est parfaite entre les parties par leur seul consentement, soit qu'elle précède soit qu'elle suive la saisie, la transcription de l'acte est inutile entre l'acquéreur et le saisi. D'un autre côté la saisie n'est pas un acte translatif de propriété, le saisi conserve son droit de propriété sur sa chose, la loi de 1855 n'est pas applicable à cette procédure; aussi sans l'article 686 du code de procédure la transcription serait inutile ; cette mesure détermine les délais de liberté laissés au saisi : jusqu'à la transcription il peut vendre l'immeuble saisi; pourquoi cet acte de vente serait-il transcrit? Le créancier saisissant n'est pas un tiers; il est l'ayant-cause du saisi, le droit qu'il exerce par la saisie est personnel et si le créancier est hypothécaire, il conserve seulement la faculté de suivre l'immeuble, de se faire payer sur le prix de vente ou d'exercer une surenchère. Aussi le défaut de transcription d'une vente antérieure à la transcription de la saisie ne peut être opposée par le saisissant, et l'acquéreur peut faire transcrire son acte après la transcription même de la saisie.

Un éminent professeur de la faculté de Caen, M. Bertaud, enseigne une théorie opposée. Comme le premier système, ce jurisconsulte repousse toute distinction entre le créancier chirographaire et le créancier hypothécaire. Que dit-il? Le créancier chirographaire dont la saisie a été transcrite devient un tiers; il acquiert à son profit et au profit de tous les créanciers inscrits le droit de poursuivre la conversion en deniers du gage commun, et si la transcription ne lui assure aucun droit de préférence à l'encontre même des autres créanciers chirographaires, elle l'abrite au moins contre les conséquences de toute vente volontaire ultérieure. Il obtient la garantie réelle que le prix de l'immeuble sera affecté au payement des dettes du saisi : c'est une sorte d'antichrèse dans un intérêt collectif. La transcription de cet acte dans lequel la justice est réputée avoir suppléé le consentement du débiteur, empêche l'efficacité de la transcription postérieure d'une vente. La transcription d'un contrat d'antichrèse volontaire autorise le créancier nanti à écarter une vente antérieure non transcrite. Tout système opposé conduit à un cercle vicieux : supposons qu'un même immeuble ait été l'objet d'une saisie et de deux ventes successives, l'une antérieure à la transcription du procès-verbal, mais non transcrite, l'autre postérieure à cette transcription, mais transcrite; que décider si la saisie transcrite ne prévaut pas sur les deux ventes? La première vente sera préférée à la saisie comme antérieure, mais faute d'avoir été transcrite elle cédera le pas à la seconde vente; mais la deuxième vente ne sera pas opposable au saisi.

Avant de donner notre avis sur la question qui nous occupe, nous pensons qu'en ce qui concerne le conflit d'une saisie transcrite avec les deux ventes successives, il faut éliminer d'abord la saisie, puisque aux termes de l'article 686, est valable la vente même non transcrite qui a été faite avant la transcription du procès-verbal : il en résulte que deux ventes restent en présence et la première transcrite est seule opposable à l'autre aliénation.

Ce système purement théorique n'est reproduit dans aucun monument de jurisprudence.

La cour de Caen a proclamé une troisième opinion à la date des 1er mai 1858 et 23 février 1866, et son système a été partagé par le tribunal d'Altkirch en 1858 ; — par le tribunal de Nancy le 8 décembre 1858 ; — par le tribunal de Draguignan le 19 août 1859 ; — et par la cour de Besançon le 20 novembre 1860.

Quelle est l'économie de ces arrêts ?

Aux termes de l'article 3 de la loi de 1855, jusqu'à la transcription les actes translatifs de propriété ne peuvent être opposés aux tiers qui ont des droits sur l'immeuble et qui les ont conservés conformément aux lois ; le législateur dans la discussion a déclaré que, dans l'intervalle de la vente à la transcription, des tiers peuvent acquérir des droits sur l'immeuble et que la vente n'était valable à l'égard de ces tiers que lorsque le contrat était transcrit ; ainsi la publicité de la loi du 11 brumaire an VII est imposée de nouveau dans le but de prévenir les erreurs et les fraudes, l'aliénation est consommée par la transcription et la propriété est transférée relativement aux tiers ayant des droits sur l'immeuble.

Les créanciers hypothécaires sont des tiers, la loi de 1855 dans son texte comme dans son esprit est générale, elle comprend au nombre des tiers le créancier qui a sur l'immeuble un droit réel. Faire tomber la saisie de ce créancier saisissant, ne serait-ce pas rendre inutile une procédure coûteuse, alors que ce créancier n'avait aucun moyen de connaître l'acte qui dépouillait son débiteur et devait faire annuler sa saisie.

Il résulte de ces arrêts qu'une distinction est utile entre le créancier chirographaire et le créancier hypothécaire. Le saisissant est-il chirographaire et la vente faite par le saisi a-t-elle précédé la transcription du procès-verbal de saisie, l'aliénation est valable, car le créancier n'est pas un tiers ; il n'a qu'un droit personnel ; le créancier hypothécaire possède au contraire un droit réel, il est un tiers aux termes de la loi de 1855, et il peut soutenir que la vente faite par le propriétaire avant la transcription du procès-verbal, mais qui n'a été transcrite que postérieurement, ne peut lui être opposée.

V

Ainsi trois systèmes se sont produits sur cette question :

Le premier soutient que le créancier saisissant, quel qu'il soit, n'est pas un tiers, il saisit en vertu de son droit de créance ; la vente non transcrite peut toujours lui être opposée tant qu'elle précède la transcription du procès-verbal de saisie.

La seconde opinion ne distingue pas également entre le créancier chirographaire et le créancier hypothécaire, mais elle prétend que le créancier saisissant acquiert par la saisie sur l'immeuble un droit réel, une sorte d'antichrèse; qu'il devient dès lors un tiers et que la vente non transcrite est nulle devant la transcription de la saisie.

Le troisième système reconnaît que le créancier chirographaire n'a qu'un droit personnel et ne peut se plaindre de la vente de l'immeuble saisi jusqu'à la transcription du procès-verbal; tandis que le créancier hypothécaire qui a un droit sur l'immeuble et qui l'a conservé est un tiers qui rentre dans les prévisions de l'article 3 de la loi de 1855.

Quel système nous paraît préférable? Nous adoptons la troisième opinion, elle nous semble plus juridique et plus conforme au texte et à l'esprit de la loi.

En droit civil la vente est parfaite par le consentement des parties; le créancier chirographaire ne peut invoquer que le droit personnel du vendeur, il est son ayant-cause; d'après l'article 686 du code de procédure le propriétaire peut vendre son immeuble jusqu'à la transcription du procès-verbal de saisie; il découle de ces principes que le créancier chirographaire saisissant doit s'incliner devant la vente faite par celui dont il invoque les droits. Ces motifs nous font repousser le système de M. Bertaud.

Le créancier hypothécaire, lui, n'est pas l'ayant-cause du saisi, il a un droit réel, absolu, indépendant sur l'immeuble, il est bien un tiers de par la loi, et son droit sur l'immeuble est conservé conformément aux lois. Ce créancier saisissant rentre bien dans le texte de l'article 3. La vente non transcrite ne peut lui être opposée. En vain soutiendrait-on que le créancier hypothécaire a un droit complet sur l'immeuble; que son droit de suite est suffisant et qu'il est sans intérêt pour faire maintenir sa saisie. N'oublie-t-on pas que ce créancier en saisissant use de son droit, qu'il trouve un avantage à faire rentrer ses fonds, et qu'il est libre de choisir parmi l'ensemble des droits qu'il possède celui qui lui paraît le plus conforme à ses intérêts.

Nous revenons à notre hypothèse, et nous concluons que lorsqu'un immeuble est saisi par un créancier, que postérieurement à cette saisie, ce bien est vendu par le propriétaire au moyen d'un acte ayant date certaine, et que la saisie est transcrite avant l'acte de vente, cette aliénation est valable vis-à-vis des créanciers chirographaires et nulle à l'encontre des créanciers hypothécaires.

VI

Parmi les arrêts qui ont statué sur le conflit entre la vente et la saisie, s'en trouve un qui a traité une question toute nouvelle : la transcription de la vente et la transcription de la saisie avaient eu lieu le même jour, quelle transcription devait avoir la priorité ? La cour de Caen a tranché cette question par une décision en date du 23 février 1866.

Déjà plusieurs auteurs avaient émis leur opinion sur ce sujet : M. FLANDIN (*Transcription*, t. II, n° 920) ; M. TROPLONG (n°ˢ 192 et suiv.) ; M. MOURLON (*Revue pratique*, t. I, p. 477), adoptent un système presque analogue : l'article 2200 du code civil dit que les conservateurs sont tenus d'avoir un registre sur lequel ils inscrivent jour par jour et par ordre numérique les remises qui leur sont faites d'actes de mutation pour être transcrits, et ils ne peuvent transcrire les actes de mutation qu'à la date et dans l'ordre des remises ; or du moment qu'il est impossible de faire exercer en concurrence les droits provenant de deux ventes du même immeuble, comme on établit les droits des créanciers inscrits le même jour conformément à l'article 2147 du code civil, il faut recourir à un moyen légal : pourquoi se défierait-on des registres des conservateurs ? La responsabilité des ces fonctionnaires est une garantie de confiance ; aussi trouve-t-on sur ces registres la preuve de la priorité de l'inscription des actes à l'égard des autres.

Les trois auteurs dont nous retraçons le système sont unanimes sur ces prémices ; ils sont en désaccord sur le degré de preuves offert par les registres des conservateurs.

M. Flandin trouve dans la mention des registres un fait qui vaut jusqu'à preuve contraire ; l'intéressé pourra toujours invoquer l'erreur, la fraude, l'interversion intéressée et illégale des numéros d'ordre, mais il devra faire la preuve de ses allégations.

M. Troplong a moins de confiance dans la valeur juridique des registres, il ne trouve dans l'ordre des transcriptions qu'une simple présomption, et le juge peut toujours la combattre par d'autres présomptions.

M. Mourlon est plus affirmatif, son système est plus absolu : l'article 3 de la loi de 1855 déclare que l'acte le premier transcrit est préférable ; pourquoi se préoccuper du jour, il ne faut voir que la priorité ; et de même que les registres du conservateur font foi de la date des transcriptions, ils ont la même valeur pour établir la priorité de ces mêmes transcriptions. L'inscription existe sur un livre légal, elle fait pleine foi du rang qu'elle occupe.

Messieurs RIVIÈRE et HUGUET (*Questions* n°ˢ 203 et 204) rejettent cette opinion, ils s'en tiennent à la date de l'acte authentique, ils concluent qu'il y a présomption que le premier en date a le premier aussi été soumis à la transcription, *prior tempore, potior jure*.

Que décider, d'après ce système, si les deux actes portaient la même date ? Aucune solution n'est possible, ce système doit donc disparaître.

La cour de Caen a tranché le litige par les principes du droit commun : considérant qu'en l'absence de renseignements propres à faire savoir laquelle des deux inscriptions faites le 29 avril a précédé l'autre, il y a lieu d'appliquer la règle que c'est au demandeur à justifier sa demande ; que c'est à lui à justifier, par un titre régulier, que sa revendication des immeubles saisis est bien fondée ; qu'il ne pourrait le faire qu'en apportant

la preuve que l'acte de cession qu'il invoque a été transcrit avant la saisie ;
que du moment où il ne fait pas cette preuve, son action doit être dite
à tort.

Cet arrêt ne repousse ni n'adopte aucun des systèmes que nous avons
exposés; le demandeur paraît n'avoir produit en justice aucun extrait des
registres du conservateur et n'avoir pas essayé à établir son droit; la
question reste entière, si le procès est jugé, la question de droit n'est pas
tranchée.

Nous pensons que si le demandeur eût invoqué le registre du conservateur, s'il eût ainsi établi que son acte était transcrit sur ce registre avant
l'acte de son adversaire, la cour ne pouvait repousser cette preuve légale,
complète, à moins qu'il fût démontré que le rang de la transcription était
le résultat de l'erreur ou de la fraude, ces causes faisant exception à toutes
les règles.

Nous trouvons dans les registres du conservateur, pour l'ordre des transcriptions, les mêmes garanties que pour la date de toutes les inscriptions,
et l'article 2151 du code civil qui fait foi pour l'inscription des hypothèques,
n'a pas plus de valeur juridique que l'article 2200. Ce dernier texte pres-
crit toutes les garanties désirables : en effet, les registres sont doubles ;
l'un établit par jour et par ordre numérique les remises des actes pour être
transcrits, et l'autre renferme les transcriptions de ces mêmes actes à la
date et dans l'ordre des remises. L'article 3 de la loi de 1855, limitant
au moment de la transcription le droit du propriétaire de disposer de sa
chose vis-à-vis des tiers, et n'indiquant pas le jour, il est juste et légal
de déclarer que si la saisie est transcrite sur le registre avant la vente, le
créancier hypothécaire saisissant ne peut se voir opposer cet acte d'aliénation.

VI

Nous allons aborder une question soulevée sur l'article 7 de la loi de
1855 : quelle est la situation des créanciers hypothécaires d'un acquéreur
qui n'a pas fait transcrire son contrat vis-à-vis du vendeur? peuvent-ils repousser l'action résolutoire exercée par ce dernier?
Un arrêt de la cour de Bordeaux, en date du 15 juillet 1857, examine
cette thèse; bien que cette décision s'occupe d'une espèce qui se complique
d'une faillite, nous allons négliger cet incident, et reproduire les arguments qui répondent à notre question de droit.
D'après les principes du code civil, la vente est parfaite et la propriété
est transmise à l'acheteur par le seul consentement des parties; le dessaisissement du vendeur est absolu; la loi de 1855 a respecté ces principes,
seulement à l'égard des tiers, le vendeur est dessaisi et la propriété est
transmise à l'acheteur par la transcription du contrat.
Les effets de cette transcription intéressent les ayants-droit du vendeur
et les ayants-droit de l'acheteur; l'article 3 de la loi s'occupe des premiers

lorsqu'ils ont des droits sur l'ensemble, il en résulte que le dessaisissement du vendeur à leur égard n'a lieu que du moment de la transcription; alors ils deviennent des tiers, ils ont des droits qui leur sont propres, et désormais on ne peut leur opposer des exceptions qui pourraient atteindre leur auteur.

Les ayants-droit de l'acquéreur ne peuvent avoir plus de droits que lui, on peut leur opposer toutes les exceptions que l'on invoquerait contre leur auteur, ils sont soumis à cette maxime *resoluto jure dantis, resolvitur jus accipientis;* d'un autre côté le vendeur n'est pas dessaisi à l'égard des tiers avant la transcription; en effet, le dessaisissement du vendeur ne s'opère vis-à-vis de ceux qui tiennent leurs droits de l'acquéreur, que sous la condition de la conservation de son droit qui reste protégé par l'article 2108 du code civil. La transcription ne le dessaisit qu'en lui réservant son privilége, et les hypothèques mêmes légales ou judiciaires qui grèvent l'acquéreur, ne s'emparent de l'immeuble que sous la condition de respecter le privilége du vendeur; il en résulte que tant que le vendeur n'est pas dessaisi par la transcription, les ayants-droit de l'acquéreur possédant des hypothèques ne sont pas des tiers, ils n'ont que les droits de cet acquéreur, ils ne peuvent donc arrêter l'action en résolution de la vente.

L'article 7 de la loi qui refuse l'action résolutoire lorsque le privilége du vendeur est éteint, suppose que la vente a été transcrite et par conséquent le privilége inscrit; et que le vendeur a laissé perdre son privilége soit à défaut de renouvellement de l'inscription, soit à défaut de production dans un ordre.

Ainsi l'arrêt décide que les créanciers hypothécaires de l'acquéreur ne sont pas des tiers pour le vendeur, lorsque l'acte de vente n'a pas été soumis à transcription, et il en résulte que le vendeur peut exercer son action résolutoire sans possibilité d'opposition de la part de ceux qui ont acquis des droits sur l'immeuble de l'acquéreur.

La cour de Cassation fut saisie, le 1er mars 1860, d'un pourvoi contre cette décision, mais la cour suprême n'examina pas notre question, elle rejeta le pourvoi par des motifs tirés de la législation antérieure qui régissait encore l'acte de vente en litige.

Quelle est la valeur de la solution admise par l'arrêt de Bordeaux?

Cette décision n'a pas manqué de critiques : quelles sont les objections, quels sont les arguments? Le raisonnement de l'arrêt repose sur une double confusion : d'abord pourquoi rappeler l'article 3 de la loi à l'occasion de l'application de l'article 7? Les règles sont distinctes : ce dernier article n'édicte aucune transcription à l'égard des tiers, il se borne à exiger pour l'exercice du droit de résolution à l'encontre des ayants-droit de l'acquéreur, la conservation de son privilége, et l'on doit conclure que si ce privilége a été inscrit, même après la transcription du contrat, les tiers qui tiennent leurs droits de l'acquéreur pourront être atteints par l'action résolutoire.

Le système opposé soutient que les créanciers inscrits de l'acheteur ne

sont pas des tiers, et qu'ils ne peuvent repousser l'action résolutoire dans
le cas où il n'y a pas eu transcription, parce que le vendeur n'est pas dessaisi à leur égard : mais n'oublie-t-on pas que le vendeur ne peut pas plus
se prévaloir du défaut de transcription vis-à-vis d'eux que vis-à-vis de l'acheteur, ne sont-ils pas les ayants-cause de ce dernier. La loi de 1855 prend
le mot tiers dans un sens relatif ; les créanciers mêmes hypothécaires de
l'acquéreur sont réellement et en thèse générale les ayants-cause du vendeur comme l'acquéreur lui-même, et il en résulterait que l'action résolutoire pourrait atteindre ces créanciers, même après l'extinction du privilége, sans l'article 7 de la loi de 1855 ; aussi cet article qualifie tiers ceux
qui ont acquis des droits sur l'immeuble du chef de l'acquéreur. Ce sont
ses ayants-cause, comme dans l'article 3, les tiers sont les ayants-cause du
vendeur. La transcription du contrat n'est donc pas exigée dans l'article 7,
il ne faut envisager que l'inscription du privilége ; du moment que ce privilége est conservé, même après la transcription du contrat, les tiers de l'article 7 pourront être atteints par l'action résolutoire.

Malgré ces objections, nous pensons que les véritables principes sont exposés dans l'arrêt de Bordeaux. Avant la loi de 1855 toutes les dispositions
du code étaient favorables au vendeur, le dessaisissement de la propriété
était immédiat, la transcription et l'inscription du privilége étaient faculta-
tives ; elles pouvaient être séparées ; la loi nouvelle en dessaisissant le
vendeur par la transcription, assure son privilége pour dix ans. La transcription le dessaisit en réservant ce privilége.

La loi de 1855 a surtout voulu protéger les tiers, les créanciers de l'acquéreur, victimes parfois de l'action résolutoire sous le code civil ; de nos
jours cette action ne peut être exercée au préjudice des tiers qui ont acquis
des droits sur l'immeuble du chef de l'acquéreur et qui se sont conformés
aux lois pour les conserver. Cet article exclut l'acquéreur. Après la perte
de son privilége, le vendeur a toujours contre l'acquéreur une action per-
sonnelle pour le faire payer, mais il n'a pas d'action réelle, et il ne peut atteindre les tiers qui ont conservé leur droits sur l'immeuble. La transcription est donc importante pour la solution de notre question : elle dessaisit,
il est vrai, le propriétaire, mais en même temps elle conserve son privilége
et son action résolutoire ; une négligence, une faute grave du vendeur,
peut seule anéantir cette action : or avant la transcription aucune raison ne peut faire disparaître l'action en résolution. Il n'existe pas de
dessaisissement du vendeur, celui-ci est propriétaire ; tout privilége, toute
action résolutoire serait inutile ; l'acquéreur ne peut opérer aucun démembrement de propriété sur l'immeuble ; personne n'a pu acquérir de droits
sur ce bien du chef de l'acquéreur, personne n'a pu les conserver, il n'existe
pas de tiers. Il en résulte que les créanciers hypothécaires de l'acquéreur
qui n'a pas fait transcrire son acte s'opposeraient en vain à l'exercice de
l'action résolutoire invoquée par le vendeur qui n'a pas été payé, en con-
formité de l'article 1654 du code civil.

Quelle est en résumé la différence entre les deux systèmes ?

La jurisprudence affirme qu'avant la transcription le vendeur est toujours propriétaire vis-à-vis de ceux qui ont acquis des droits sur l'immeuble du chef de l'acquéreur; la transcription seule fait apparaître les tiers, mais elle conserve le privilége, et arme le vendeur de l'action résolutoire.

L'autre système rejette l'utilité de la transcription, les tiers vis-à-vis du vendeur sont les ayants-cause de l'acquéreur, ils existent indépendamment de toute transcription de l'acte, du moment qu'ils ont acquis et conservé des droits sur l'immeuble; et aussi indépendamment de toute transcription, le vendeur qui a inscrit son privilége, peut opposer l'action résolutoire à ces créanciers hypothécaires de l'acquéreur.

Nous avons signalé le système qui nous paraît préférable et plus conforme aux principes et aux motifs de la loi de 1855.

LA FRANCE JUDICIAIRE

REVUE BI-MENSUELLE

DE LÉGISLATION, DE JURISPRUDENCE ET D'ÉLOQUENCE JUDICIAIRE

plus spécialement consacrée à recueillir

LES TRAVAUX JURIDIQUES, HISTORIQUES ET LITTÉRAIRES

DE LA MAGISTRATURE ET DU BARREAU

PUBLIÉE SOUS LE PATRONAGE DE

MM. **G. Bédarrides** (O. ✻), président à la Cour de cassation; —
A. Pouyer (✻), président du tribunal de Rouen; — **E. Rousse** (✻),
ancien bâtonnier de l'Ordre des avocats de Paris.

PAR

CHARLES CONSTANT

Avocat à la Cour d'appel de Paris.

AVEC LA COLLABORATION DE

MM. **Bauny de Récy**, sous-chef à la direction générale des Domaines; — **Belot**,
professeur à la Faculté des lettres de Lyon; — **Bertin** (✻), avocat à la Cour de
Paris, ancien rédacteur en chef du *Droit;* — **Chaix d'Est-Ange** (✻), avocat à la
Cour de Paris; — **Coulon** (Henri), avocat à la Cour de Paris; — **Coulon** (✻), conseiller honoraire à la Cour d'Angers; — **Desjardins** (✻), avocat général à la Cour de
cassation; — **Desmaze** (O. ✻), conseiller à la Cour de Paris; — **Flourens** (✻),
maître des Requêtes au Conseil d'État; — **Garraud**, professeur à la Faculté de droit
de Lyon; — **Glasson**, professeur agrégé à la Faculté de droit de Paris; — **Huart**,
avocat à la Cour de Paris; — **Martin le Neuf de Neuf-Ville** (O. ✻), vice-président
du Tribunal d'Alençon; — **Morillot**, substitut du procureur général près la Cour de
Douai; — **Vente** (✻), conseiller à la Cour de cassation; — **Villey**, professeur agrégé
à la Faculté de droit de Caen; — **Viollaud**, conseiller à la Cour d'Orléans.

PRIX DE L'ABONNEMENT
18 francs par an

Fontainebleau. — E. Bourges, imp. breveté.